Marie Aubinais • Danièle Bour • Laura Bour

Je découvre avec Petit Ours Brun

Les animaux

40 autocollants à placer

bayard jeunesse

La 

et le 

ont de 

de la tête à la queue.

Ils habitent dans le 

.

Leurs petits sont les 

et ils sortent des 

ue la poule a pondus.

Petit Ours Brun va voir toute la famille.

Il jette de 

en disant : – À table, les amis !

Les cochons ont la queue en tire-bouchon.

La maman cochon s'appelle la truie,

et les petits, les  .

porcelets

Ils aiment tous se rouler dans la 

et croquer des  et des  .

 arrive avec son  bien rempli

et dit : - Regardez ce que je vous apporte...

Le lapin vit dans le  .

Ses petits sont les  .

Il mange du 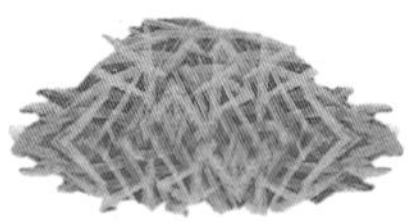 , de la 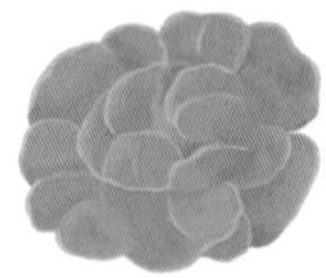 ,

du 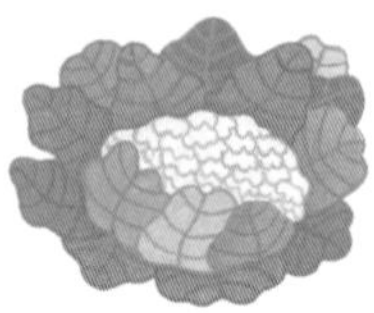 ... et même ses  !

Mais il aime aussi beaucoup grignoter des  .

Petit Ours Brun lui en donne une et dit :

– Tiens, mange, on dit que ça rend aimable !

La  est la maman de l'  .

La  est la maman du  .

Toutes les deux broutent de l' 

et donnent du lait pour leurs petits.

Avec le  , on peut aussi faire du  .

Petit Ours Brun va voir les bêtes au pré

et dit : – Comme tu as l'air doux, Mouton !

Le  dort dans une 

et porte un  avec son nom.

Il mange des 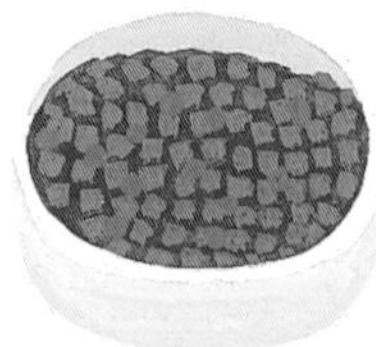, ronge des 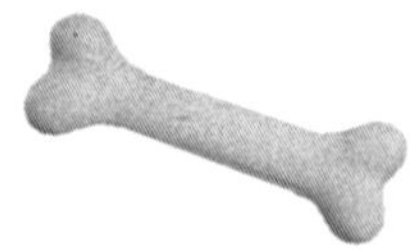

et, de temps en temps, croque un petit .

Il adore aussi rattraper une  et jouer.

Petit Ours Brun dit : - Regarde,

je marche à quatre pattes, comme toi !

Le  rouge vit dans son  ,

décoré avec des  gris.

Il tourne en rond et fait des 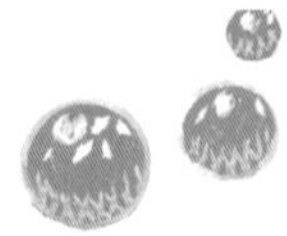 ,

tandis que le  préfère son 

et les petits câlins.

Petit Ours Brun dit : - Attention Minou,

interdiction de manger le poisson !